# 백령도 친구

라동수 시집

그림과책

## 시인의 말

저무는 길을 바라보며 늦바람을 타고 이제야 길을 나섰다. 서툰 하나하나가 파열음으로 간지러울지라도 "늦다고 생각할 때가 가장 빠른 때이다"라는 말을 상기하며 수십 번을 망설이다 용기를 내었다.

애목의 가지에서 피워내는 꽃도 아름답지만 묵은 고목의 줄기에서 피어나는 꽃은 더 고매한 것이려니 앞으로도 문학을 깔고 앉아 수없이 지우고 닦아내며 정진할 수 있는 산실의 발판이 되었으면 싶다.

이제 먼 길에 첫발을 딛으면서 이 길을 안내해 주신 분들과 이 길을 걷는 데 큰 힘이 되어준 사랑하는 가족과 주변에서 격려해 주시던 모든 분 그리고 친구들에게 이 고마움을 전하고 싶다. 나의 모태인 연호문학과 당진문학에도 큰 축복이 있기를 바라며 특별히 애써주신 시사문단 손근호 발행인님께 감사를 드린다.

2011년 8월

라 동 수

■ 시집 머리에

한 아름
젊은 추억이 공존했던 연포해안은
이제 잔상으로만 희미하다

— 「연포해안에서」 중에서

연포해안에서 그림 한 폭 찾았거니 허공에 날려본다. 연포해안이라는 작품의 한 행 찾아 적는다.

라동수 시인은 시사문단을 통해 등단했으며 동인 활동으로 시의 붓을 고루고 있다. 시인으로 공무의 직분을 꽃 피게 하고 있다.

라동수 시인이 이번에 상재하는 시집 제목은 「백령도 친구」로 했다. 아주 정다운 시집 제목이다. 도연명이 직장을 물러나 고향으로 돌아가며 부른 노래가 귀거래사이다. 라동수 시인은 연포란 용어를 정들게 사용하고 있다.

에즈라 파운드가 지하철 정거장에서란 작품에 이미지를 구름처럼 불러본다고 했다. 연포 해안선이 그런 이미지로 라동수 시인에게 손을 흔드는지 모를 일이다. 당진의 아미산을 부각시켜 본다.

라동수 시인의 정이 풀잎처럼 담긴 고향의 이름 고향의 바람은 언제나 우리가 꿈꾸는 그 고향에 있어라.

뱃전에 출렁이는
파도 소리

–「백령도 친구」 중에서

시집 제목인 백령도 친구 작품은 장시다. 3연에서 눈을 감는다. 1의 25행, 2의 30행이다.

어느 새벽까지 달을 바라보며 별들을 찾아보는 라 시인의 모습이 읽는 이로 하여금 감동을 주게 한다. 시인이 찾는 시인의 친구가 이 시대에 한 번쯤 있어 좋을 그 친구에게 보내는 시다.

2011년 8월

황금찬〈시인〉

## 1부

### 저문 소들에서



## 2부

### IMF의 촌가

## 3부

## 유년의 가을

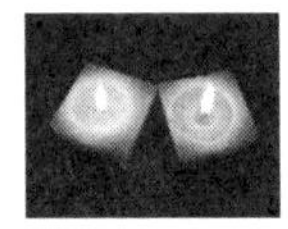

## 4부

## 합덕벌

5부

## 새 항해길

# 1부

# 저문 소들에서

나 여기
서늘한 해풍을 맞으며 서 있는
염목의 끝자락엔
하늘과 바다와 섬들이 하나가 되어
어둠 속에서 술래질을 하고 있다

# 저문 소들에서

드넓게 펼쳐진 광활한 소들에
이앙기 소리 돋우어
종일 희망을 심던 손길들
황혼이 내려진 한참 후에야
일손을 멈추고
고된 일상을 접는다

저무는 소들엔
개구리 울음 가득하고
아카시아꽃 향기 코끝을 스미는데
논두렁 물가엔
건너편 소읍의 불빛들이 살아나
황홀한 불야성을 이룬다

시장해 오는 늦저녁
종일 몸에 밴 흙냄새 떨어내며
한참을 더 걸어야
삶의 안식처에서 새어나는
따뜻한 불빛이 보일 듯하다

# 영목의 저녁

짙은 어둠을 풀어놓은 밤바다
하늘에 비친 물빛이
빈들거리며 나가서면
더 깊고 두려워보이는 밤바다

나 여기
서늘한 해풍을 맞으며 서 있는
영목의 끝자락엔
하늘과 바다와 섬들이 하나가 되어
어둠 속에서 술래질을 하고 있다

깊은 밤 정적 속에서도
시계는 영시 오십 분을 가리키고 있는데
노래방에선 오십 년 지기
우정 어린 친구들의 낯익고 귀 익은
음성들이 흘러나온다

그러나 곧 안식을 찾아야겠지
풀어진 어둠이
영목에 모두를 덮는데
뒤늦게 신명난 친구들은
짧은 안식도 아랑곳없이 잠을 쫓고 있다

# 봄 뜰

앞뜰과 뒤뜰에
봄을 맞은 개나리 진달래
꽃향기로 넘치면

나비 쫓던 강아지도
안마당 댓돌 위에 올라
잠에 취하고

봄볕을 헤치는
맨발 아기 아장아장
꽃잎을 밟는다

엄마 엄마
아가의 부름 소리
아가 아가 엄마의 부름 소리

모자의 정겨움이
아지랑이에 실리어
봄을 흔든다

# 카페에서

나지막한 산언덕 통나무로 쌓은 담을 따라
빽빽이 둘러선 갈참나무와
군데군데 노송 몇 그루 서 있는 집

오후 늦게 낯선 카페에 앉으니
커다란 유리창 너머엔
서산에 걸린 노을이 지고 있었다.

유달리 여유롭던 시간
미소년의 감미로운 노래가
홀 안 가득 넘쳐나던 그 카페

그때 내 잔을 채워주던 그 소년의 노래는
세월이 흐른 지금도
누군가의 빈 잔을 채워주고 있을는지

# 봄 마중

한낮 알싸한 햇살은
양지쪽 둑길에 도란도란
냉이와 씀바귀로 봄을 키우고

비탈진 산자락엔
잔설이 남아
남녘 훈풍에 쫓기고 있다

햇살이 무리 지어 앉은
개울가마다
토실토실 속살을 비집는 실버들

겨우내 웅크렸던 사람들
하얀 입김에도 따스함이 묻어나는
이른 봄의 첫 자락

움츠렸던 마음들이
언덕 위 보리밭 푸른 골 따라
봄 마중을 나선다

# 화사한 봄나들이

벚꽃잎 눈처럼 날리어
마음을 수놓고
꽃그늘엔 연인들 모습이
한 폭 그림같이 아름답던 날

누렁이 떼 한가로운 푸른 초원엔
굽이진 등성이 따라
아른아른 정겨운 흙내음이
촌부村夫의 손길을 바삐 부르는데

봄이 늘어진 산자락엔
까투리 짝 찾는 소리
언덕 밑으로
마른 수풀 더미를 헤쳐간다

봄이 만개한 초원에
벚꽃잎 눈처럼 날리던 날
화사한 나들이로
온종일 날리는 꽃잎이 된다

# 마라도 가는 길

화강암 절벽 위 모진 풍파 이기고
꿋꿋이 서 있는 푸른 소나무
옥 같은 바닷물에
제 모습 비춰 온 지 몇 년일까
성산포 아픈 역사 화강암에 새겨 안고
숱한 사람 불러오고 간 뒤
이제 우리도 맞는구나
긴 세월이 좁쌀같이 부서져
까맣게 닳아버린 현무암의 잔재들
파도에 부딪칠 때마다
역사는 더 깊은 골로 새겨지누나
눈부시게 맑은 날의 푸른 바다
해풍에 떠밀려 하얗게 부서지는 파도는
여기 성산포 항 뱃전에도 맴돌아
마라도 가는 길손 눈길마다 붙잡아 세우고
철썩이며 들려주는 남해의 바닷소리를
가슴 열어 담아준다
푸른 뱃고동소리 숨 가쁘게
선실로 숨어들면
성산포 해변에 하얀 집들과 작은 섬들이

그림 같은 풍경이 되어
먼 수평선을 이어 달리는
물결도 짙푸른 남해의 바다 위
하얀 유람선에는
난간에 마주 선 젊은 연인들도
선실 낡은 의자에 다정스레 몸을 맡긴
황혼에 노부부도
모두가 푸른 물결에 둥실 두둥실 떠서
짧은 꿈인 양
뱃길 따라 마라도로 가는 길

# 산장

언제부터인가
앞뜰에 길게 늘어진 매화 가지
봄을 매달고 웃고 있는데

세월이 내려앉은 묵직한 지붕 뒤엔
높이 솟은 회갈색 바위산
산장을 안고 버티고 있다

처마 끝에 매달려 녹슨 풍경소리는
날마다 산사에 쌓여가는
세월의 향기이더냐

초록빛 겹겹이 둘러친 깊은 산중에
계곡의 청량한 물소리는
무명조 소리에 떠밀리고

말없이 먼발치 비켜서서도
손객을 부르는 빼어난 절경은
긴 행렬을 멈추게 하누나

누가 지었을까
바람조차 힘겹게 돌아가는 첩첩 산 중턱
절벽 위에 그림 같은 누각 한 채는

굽어진 산 아래 뱃길로 돌아가니
면경 같은 강물에 비치어
흔들리고 흔들리며 천 년을 떠간다

# 연포해안에서

송림으로 둘러친
반달 같은 연포해안

파도에 씻기던
하얀 조가비 영혼들이 백사장에 뒹굴어
갈매기 울음도 슬픈 곳

아련한 기억들은
해초처럼 떠밀려와 갯바위에 얹히고

주머니에 담아온
소주 한 병 꺼내어 들춰보니

조각배가 실어 간 세월은
수평선에 묻히고

한 아름
젊은 추억이 공존했던 연포해안은
이제 잔상으로만 희미하다

# 묘 비석

병풍처럼 아우러진
고향산천 명산 기슭에
이승에 전 이름 석 자 새겨 인고
묘 봉을 지키는 비석 하나
길손마저 없는 고적한 산중에
오랜 세월로
푸른 옷 두껍게 입고 지켜 서 있네

행여 정오쯤이라야
외로운 산새 한 마리 날아들까
고적한 밤이라야
산 노루 한 마리 찾아들까
산 그림자는 길어지는데
어제처럼
비석 앞엔 침묵만이 쓸쓸하여라

허구한 날
비석을 앞세워
유세하던 못난 손들아
지금은 옛정마저 잃어버렸나
묘비 앞엔 외로움이 삭았네.

# 새벽

닭 울음 단잠 깨우며
기지개 켜는 시밝

수줍은 햇귀는 달려와
덜 깬 잠을 털어내고

새벽안개 마을을 휘감아
봄기운 용트림하는데

천지의 기운이
화들짝 지천명의 꿈을 깨워

이른 새벽으로
첫걸음을 청한다

*시밝 : 새벽
*새 녘 : 동편, 동쪽
*햇귀 : 해 떠오르기 전 노을 같은 분위기

# 옛 산

옛 산에
꽃바람이 일면
겹겹 묵은 그리움 다 씨들고
홀연히 나서봅니다

거기엔
아무것도 없지만

그 향기는
세월이 갈수록
설레는 가슴으로
생각에 나룻배를 젓게 합니다.

# 새끼 강아지

새끼 강아지
꽃 줄 목에 달고
봄볕 쏟는 쪽 마당에 갇히어
빙글빙글 맴을 돕니다.

언제고 찾아가면 지워질
그리움인데
방울 소리 목에 달고
빙글빙글 맴을 돕니다.

새끼 강아지
단잠 자는 한나절을 넘어와
엄마 생각 곁으로
빙글빙글 맴을 돕니다.

# 아미산

하늘은 스스로
세월을 쪼개는 산고로
대지 위에 높고 낮은 산을 만들고

구름은 오가며
제 그림자 드리워
음양을 키우는 비를 주느니

바람은 소리 없이
산속에 사계절
밤낮 지성으로 일궈 가꾼다.

산새들 언제나
숲 속에 정겨운 노래
바위틈 솔 향에 섞어가면서

쉼 없이 많은 날
누구든 세상일 힘들거든
언제든 찾아와 쉬라 하는 곳

다시 오늘도
꽃눈 트는 아미산에
나 홀로 봄을 안고 나들이한다

# 지는 봄

산자락마다
앳된 웃음 피워내

곱게도
일렁이던 봄

세월에 밀리어
실바람에도 파문 지는가

지는 꽃잎이
쪽배인 양 떠가네

## 자목련

둥근 하늘을
자홍빛 빛으로 가리고 서서
봄날을 눈부시다
살가운 바람에도 아린 비늘 떨어내는
파르르 파르르르
곱다란 영혼

짧은 생의 서러움을
제 그늘 아래 한 보따리 쏟아놓고
봄날을 떠나가는 애처로운 꽃이여
어디로 떠나려는가
소리 없는 몸짓으로
멀리서 자홍빛을 던지네

# 2부

## IMF의 촌기

키 작은 수목들
청초한 산야에 둘러앉아
작은 꿈 멋대로 풀어가는
산중에 세월

오랜 풍우로
저마다 강한 인내를 키웠음인가
갖가지 수목 향
겹겹이 골골에 풀려가며

## IMF의 촌가

목화 구름
뭉실뭉실 8월을 솟아오르건만
세찬 IMF에 씻기어
지평선에 무너져 내린 마을

미곡의집 소들에까지
깊게 파고든 IMF로 인하여
들풀처럼 쓰러지는
군상들 함성은 애처롭다

입추는 가까이 다가서건만
IMF에 풍요로움 빼앗겨버린 농심
곤한 일상 힘겹게
지독한 경제 한파에 눌리어 있다

이놈에 힘든 세월이여
쏜살같이 가려무나

# 지방화의 비

市道와 郡區에 비가 내린다,
전국 칠십오 市
팔십칠 郡
육십구 區
조선 팔도 쪼개는
지방화의 새로운 비가 내린다

제각각 품에 안으려는
밀물 같은 지역에 아우성들

틀어진 욕심으로
중앙과 광역과 지역으로 나뉘어도
이 땅을 금 긋는 아픔은
되지 말기를

조선에 팔도여 부자가 되어라
내 조국이여 부자가 되어라

제발 경주하는 지방화로
이기저인 분열은 낳지 마라
중앙도 광역도 지역도
우리는 한나라 한민족이니까

# 어느 여름밤

밀대 방석 깔아놓은 초가 마당귀퉁이에
쑥대연기 피워 올리며
한 그릇 수제비에 여름밤을 달구었던
정겹던 베잠방이 시절이었건만

어릴 적 멀리 떠났던 고향 친구
다시는 만날 수 없는 곳으로 떠났다는
갑작스런 비보를 그 밤에 듣고
슬픔을 주체할 수 없었지

그리운 유년을 넘어서
가난한 세상을 바꾸리라던 내 우상이었던 그 친구
먼저 간 하늘길엔
푸른 별빛 깔리어 추억도 서러웠다

생풀 타는 연기는 푸식 푸식
매콤한 눈물이 되어 슬픈 밤을 채우고
그리움에 끌려가던 초췌한 가슴이
풀벌레처럼 울었던 그 밤을 더듬어본다

# 목포의 선착장에서

비린내 풍기며 저무는
목포의 선착장
해변 가득히
조약돌 씻던 그대 손을 멈추고
해풍에 밀리는
그 가슴을 열어주려오

짠내음 말아가는
석양을 등에 지고
사랑하는 아이들과 함께
그 품에 안기어
사랑 노질하는
작은 추억 하나 키워가리다

종일 맘 설레던 천릿길
가슴 헐떡이며 달려와
여기 멈춰 서니
목포항에 그림 같은 풍경들은
하얀 등대 뒤
어둠 속으로 숨어간다

# 녹색의 계절에

경쾌한 음악 흘리며
계절의 향기에 빨려가는
비탈길에 흔들리는 버스
차창 밖 새롭게 부딪치는 풍경이
녹색 물결로 차 안을 적셔온다
얼마만에
가슴으로 피올려 보는
산천 향수이던가
멀리서
바쁜 삶을 사는 그에게
한 움큼 전해도 볼까
흙내음 정겨운 곳에서
초록빛 향기 추억에 담으며
오늘
여행이란 이름 빌려
오월이 내주는 길 따라
내 강산 아름다운 산야를 달려본다.

# 미친 6월의 하루

먹구름 덮인 하늘이
쾅 쾅 번쩍번쩍
번개 빛으로 용트림하더니
때아닌 우박에
퍽퍽 이중 비닐하우스가 뚫리고
속수무책 돌풍에 무너지던 농심

어떤 심술쟁이가 보낸 걸까
갑자기 돌연변이가 되어 달려들던
미친 6월의 하루

하늘의 호통에 넋 나간 농부들
한곳에 모이어 머리를 맞대지만
농심을 후비는 걱정은 풍선처럼 커져만 가도
그칠 줄 모르던 뇌성벽력
거칠었던 6월의 한날
그 몸부림을 꺾지 못했던 초라함이여

## 미움 & 아픔

칠월 무더위를 식히는
낯선 땅에 내리는 거센 장맛비
힘든 날을 재촉하는데

무겁고 아린 사념
도막도막 끊어내어
망각으로 삭혀가는 하루하루

물밴 솜덩이처럼 곤한 육신
수면실에 눕히고
물귀신같이 도사린 상처 달래본다

질긴 어둠이 지나면
내일엔 다시 눈물 없겠지
미움과 아픔으로 지쳐버린 세월을

한밤에 묻는다

# 건강을 기리다

7월의 세찬 장마 속
하늘을 호통치던 뇌성벽력에 눌리어
낯선 해수피아 큰 창 너머로
길게 누운 먼 산 한 바퀴 돌아본다

쿵쾅쿵쾅 가슴은 뛰는데
어제는 돌아앉아 보지 못한 아픔을
한 아름 안은 채
통통 부은 마음 지그시 누르며
맥없이 땀 흘리는 그와 마주하노라니

소래포구 우중 속엔
지난 후회가 어둠만큼 둘린다
짧은 밤이 지나고
아침이 포구에 닿으면 썰물 따라 출항하리니
강건한 심신으로 닻 올리게 하소서

# 樹木

키 작은 수목들
청초한 산야에 둘러앉아
작은 꿈 멋대로 풀어가는
산중의 세월

오랜 풍우로
저마다 강한 인내를 키웠음인가
갖가지 수목 향
겹겹이 골골에 흘려가며

하늘을 가리던 나뭇잎 아래
그늘진 계곡을 깔아
찾아든 발길
세심世心을 식혀준다

짧은 하루
물든 삶을 닦으면서
어머니 품속 같은 수목에나 들어가
아침을 기다려볼까

# 그대 어깨를 펴자

하루 숨 막히는 답답함
우울한 그림자
이런 느낌 한 묶음
등 뒤에 비켜두고

한여름을 타고 올라
기염을 토하는 태양처럼
뜨거운 가슴 열정으로
들불처럼 불어일자

성취 그 위까지
세상 저 위까지
가슴에 용솟음치는
삶의 소리 목청껏 토해보자

오늘 뒤엔 내일
수많은 새날이 그대 것인걸.
지금은 어깨를 쫙 펴고
가슴 내밀자

무궁한 힘을 가진
그대들이여 어깨를 펴자

# 가난한 노상路商

오일장도 아닌
시골장터 골목길에
시끌벅적 삶의 소리 널 푸리는
칠순 팔순 이웃 할멈들

세월에 굽은 등 굼실굼실 추스르며
비닐에 싸 들은 푸성귀로
한가한 노상에
가난한 난전을 펼쳐놓는다

깡마른 몸 버거운 일상에 치여
난전에 힘겹게 맞대 앉아
삶의 애환 나누는
황혼 녘 그 모습 애처로워라

인고의 세월을 기우며
주름으로 쪼글쪼글 각인된 쇠한 얼굴에
환하게 피워내시던 그 웃음
볼수록 신비하게 여겼건만

오늘 와 다시 돌아보니
내 어머니 가슴에 응어리졌던 애환 덩이
절절히 풀어낸
아픔이었을 줄이야

난전에
아린 삶이 윤회해도
가난이 묻어 있는 좌판엔 빈곤만이 애끓는
노상의 오후

하루 그늘이 장대처럼 길어져도
전대엔 바람만 한가득
주체할 수 없이 굼뜬 몸짓들이
늦도록 눈에 박혀 아리다

# 그 창가에

해맑은 봄 곱게 물들여놓고
지루한 긴 장마
여름내 흘리던 그 창가에
단풍으로 서성이던 가을은 멀리 떠나고
하얀 눈 쌓이던 그 창가에

언젠가 친구의 비보가 봉투째 놓여
가슴 울리던 그날처럼
윤회의 세상사 남은 그 창가에
이별이 얹어지고 있었네.
외로운 눈물이 소리도 없이 얹어지고 있었네.

지금은 갈 수 없는 먼 곳에
홀로 남아 남루한 그림자만 드리우고 있을
그 창가 그 창가에

## 옛 고향

옛 고향 그리운 날이면
아이처럼 설레며 길을 나서봅니다.

빛바랜 세월로 가다 보면 정든 흔적들이
언제나 낯익은 풍경을 안고 있는 곳

유년이 자란 추억의 터전이지만
지금은 사라지고 없기에 그곳이 더 그립답니다

가끔 창밖에 궂은비 내리는 날이면
빈 가슴을 채워주던 그 고향

혼자서는 감당할 수 없도록
벅찬 그리움으로 밀려와
온종일 아픔만 헤집다 돌아섭니다.

# 3부

## 유년의 가을

저녁 하늘 고추잠자리 떼
경이로운 춤사위로 노을을 휘젓는 저녁을
나 달려가 군중으로 심취하니
함께 지는 놀이 되누나

밤을 키우는 귀뚜라미 소리들
이슬 맺힌 풀숲을
가벼운 걸음으로 헤치고 나와
내 귀를 동화 속으로 끌고 간다

# 유년의 가을

동심 한 자락

맨드라미와 해바라기가
갈색 토담에 기대어 키재기하던 날
초교 운동회의 아우성은 확성기에 실리어
바람이 흔들던 수수밭 언덕을 넘어
온 동네를 들썩였지

하늘대는 코스모스꽃 길을 오가며
찰칵찰칵
추억을 담던 정답던 그 시절

짧은 인생의 간이역을 지나다
간만에 우연히 만난
옛 친구와
반백이 된 머리를 서로 맞대고
탁배기 한 사발로
컬컬한 추억을 마구 퍼내 본다

퍼내도 퍼내도
줄어들지 않은 추억들

# 늦가을의 정원

갈 빛 잠긴 호수엔
노을을 휘젓는 빨강 고추잠자리 떼
쌍쌍이 그리는 춤사위 경이롭고
저녁이슬 내린 들 둑마다
가녀린 풀벌레 울음
짙어지는 어둠 속에 애절하여라

깊어지는 가을밤

어둠이 출렁이는 들녘에 서니
밤하늘이 떨어진 호수 위엔
초저녁 푸른 별빛들이
저마다 하나씩
만추의 풍경으로 익어
그리움 하얗게 띄우고 있다

# 갈대

터 엉 빈 들녘
계절풍 바삐 지나는 차가운 길목에서
은빛 백발을 날리는 갈대

짧은 삶으로 고운 넋을 여의고
구름도 한가로운 오후 내내 빈 냇가에 서서
갈색 풍경을 만들더니

참새 떼 제 둥지인 양 숨어드는 저녁엔
종일 세월을 몰아가던 허기진 바람을
하나 가득 보듬고 있었네.

초저녁 하늘에 손톱달이 걸리면
갈대는 시린 몸을 뒤척이며
서걱서걱 서걱서걱 달빛을 먹는다.

# 멍가 열매

10월의 골짜기마다
단풍 흔드는 소리 요란해지면
무거운 산 그림자 둘러쓴 잿빛 큰 바위
수호신같이 턱 버틴 산중에
세월에 지친 장송이
비탈마다 쓰러져
제 몸 삭이는 소리로 더욱 숙연하다

가을은 큰 산꼭대기까지 기어올라
쉼 없이 통째로 물들이더니
힘센 겨울에게 떠밀려
물먹은 모래성같이 무너져 가는가

푸르던 멍가 열매들
마른 숲에 가을을 빨갛게 채비했건만
멀지 않아 겨울이 오면
제안에 숨겼던 그리움 모두 일으켜
하얀 겨우내
고혹한 풍경이 되어서
나의 동면을 흔들어 가리라

# 晩秋 夜

서산 뒤에
유잣빛 노을 내려놓고
가을 향기로 깊어가는
晩秋 夜

달빛 아래
풀어지는 풀벌레 울음은
귓가에 차오르는
쓸쓸한 그리움이런가

꿈길같이
푸르디푸른 밤

먼 하늘가에는
자정의 고요가 맞닿아
그리움 노질하는 은하가 흐르고

밤하늘엔
고운 꿈으로 넘쳐나는
晩秋 夜

# 가을 아침풍경

아침 햇살로 단장하던
코스모스 꽃 무리
마을 길 따라
빨간 능금 밭 너머 끝이 없는데
앞산 허리에
꿈틀대는 물안개는
한 폭 산수화를 펼친다.

동구 밖
은빛 호반에 물안개 곱게 피는
향기로운 가을 아침
커다란 연잎 뒤에 숨어 핀
작은 홍련 한 송이
내 눈에 들어와
눈부신 아침을 열고 있었다.

# 차내에서

하늘과 산과 바다
모두 하나가 되어 익어버린
가을
황홀한 절경은
알록달록
차창 밖을 흘러가는데

차 내는 왁자지껄
돌아가는 종이컵으로
주고받는 우정이 넘친다

여기는 속리산의 최북단
쌍계계곡
가을을 물들이는 단풍을 따라
짧은 하루
추억을 쌓으며
물든 세상을 돌아서 간다

# 가을비

늦은 가을 길
시든 코스모스 꽃대 위로
추적추적 쏟아지는 가을비

하양 빨강 나비 떼 몰려가는
애처로운 계절의
서글픈 뒤안길에는

작은 몸부림도 거둬 가려나
가을비에
시나브로 가슴 앓는 꽃 무리

# 허수아비

〈1〉

너는 좋겠다.
눈 귀가 없으니
세상 걱정이 없어서

나 어쩌랴

눈 귀를 닫아도
가슴에 담겨지는 세상을
피할 수 없나니

〈2〉

무엇이 그리
보기 싫고 듣기 싫은가

어제도 오늘도
안 보고 안 듣고 살겠노라고
눈과 귀를 떼어놓고

요즘 같은 세상을

나도 너처럼 살아봤으면

〈3〉

제자리에 있어도
세월은 가는 법

허수아비야

혹여 내일이 오거들랑
커다란 눈과 귀를 달아보자

# 각인된 그리움

가을 호반에 달빛 어리고
어둠은 익어
풀벌레 소리 깊은데

각인된 그리움은
밤새 가슴을 들먹이다
눈물에 가려 돌아섭니다

# 가을 저녁 풍경

초가 담장 아래 저녁노을 길게 누우면
올통볼통 노란 유자 빨간 속
애린웃음같이 터 내어 울타리에 걸어놓고
뉘더러 보라 하느냐

저녁 하늘 고추잠자리 떼
경이로운 춤사위로 노을을 휘젓는 저녁을
나 달려가 군중으로 심취하니
함께 지는 놀이 되누나

밤을 키우는 귀뚜라미 소리들
이슬 맺힌 풀숲을
헤치고 나와
내 귀를 동화 속으로 끌고 간다

# 바람 불던 날

창밖에 낙엽이 날리면
혹시 그대이런가
만추의 계절 끝에 맴도는
낭랑한 풀벌레 소리 따라
산 너머로 가본다

하늘 멀리 구름 한 조각
노을에 물들어 떠오고
들녘을 들먹이며 출렁이는 서정들
저물어 내딛는 발길마다엔
허허로운 가을이 아리다.

# 춘우春雨의 밤

부슬부슬
온종일 내리는 봄비로
가슴 시린 밤
남루한 일상 어둠에 던져놓고
몇 순배 건아함으로
외로움을 감추려는 듯
끼리끼리 모여서 술잔을 나눈다

가로등도 잠든
어두운 골목길에는
흥얼대는 주정뱅이 노래가
비틀비틀 어둠 속으로 끌려가고
추적추적
봄비에 젖어가는
춘우에 밤은 길기만 하다

# 넝쿨 강낭콩

마당 가에
햇살 늘어지던 늦은 봄
울 아래 심었던 넝쿨 강낭콩

실낱같은 손으로
그물망 울타리 헤집어 엮더니
긴 여름 장마에도
높은 담장을 타고 올라
키 큰 소나무 가지에
가을 풍경을 그려놓았네.

어릴 적 외할머니가 들려주시던
동화 속 마법사 칼집같이 생긴
홍보랏빛 넝쿨 강낭콩
손톱으로 헤집어 오동통한 칼집을 열면
다섯 여섯 혹은 일곱 알
알록달록 모두가 물새알을 닮았네.

곱게 익은 넝쿨 강낭콩
알알이 여문 꿈 주렁주렁 매달고
또 다른 여행을 꿈꾸고 있다

# 초등교정

오랜만에 교정에 들어서니
제 각기 가을을 말아 쥔 나뭇잎들이
돌돌 돌돌돌
48년 전 그날
다투어 경주하던 아이들처럼
운동회를 펼친다

뛰 이 뛰
점심 종이 울리면
온 동리 식구들 둘러앉아
식 보따리를 풀어놓던 그 자리

지울 수 없는 꿈이었기에
오늘 반백이 된 아이가
백 년의 세월이 군데군데 퇴색된
텅 빈 교정에 돌아와
갈수록 커지는
초교의 추억을 보물처럼 꺼내본다

# 추일秋日

갈 빛으로 익어가는
산과 들
애마愛馬(스포티지)에 몸을 싣고
온종일 바람이 되면

높고 넓게
깊고 길게

정겨운 풍경들이
답답했던 가슴을 씻긴다

내일은
계절의 화음 화폭에 담아
하늘 정원 한복판에 걸어놓고

추일을 좋아하는
누군가와 동행하고 싶다

# 가을여행

演舞 자욱한 가을 아침
잠시 힘겨운 日常을 벗어나

友情에 취하고
音樂에 취하고
風景에 취해서

시월 한가운데 물드는 낙엽 속으로
旅行을 떠나고 있다.

아름다운 江山에서
아름다운 山野로
내 강산보다 더 좋은 곳이 어디 있으랴

짧은 하루 아쉬워도
곱게 물든 오대산 단풍을 찾아
내 좋은 이웃
사랑하는 사람들과 정을 나누며

하루 온종일
나는 꿈같은 여행을 떠나고 있다.

# 가을 산행

들뜬 꿈 배낭에 채워
우정을 나눠 메고 산행을 나섰다

울창한 수목 사이로
은행잎과 단풍잎이 비처럼 떨어져
산사로 가는 길을 지우면

바람은 불어와
겨우겨우 오솔길을 열어놓고
다시 바위 뒤로 빙빙
다람쥐 한 쌍 사랑을 덮는다

깊은 산길
바람은 숲 사이로 와스스 몰려와
네게도 저 같은 사랑 있었느냐
추억을 흔드는데

할딱거리며
깊어가는 갈색 골짜기에는
산에 홀린 사람들처럼

시간의 흐름조차 망각하고 있었다.

돌아보는 길
우리들이 멘 배낭 속 커다란 주머니엔
갈 빛 향기가 가득하니
이번 산행은 오래도록 가슴에 서성이리라

# 바람 소리

꽃망울 틔우던 바람이
봄을 넘어
성하의 계절 내내
푸른 춤사위로 너울대더니

어느덧
내 고향 산야엔
마을 어귀마다 산등성이마다
갈색으로 부산하여라

짧은 가을
서둘러 가고 나면
긴 겨울 나목 숲에 달려들 찬바람 소리
뉘라서 감내하리

# 코스모스를 심다

실낱같은
그물망 잎사귀
길가에 심는다

오가는 이
마음에도 피어나
고운 기쁨 되도록

가을날
짧은 계절 물들이다
진다고 해도

한 번쯤은
누군가의 가슴에
낭만일 수 있도록

그 가을 길을 연상하며
코스모스
어린잎을 심는다

# 4부

## 함덕벌

검푸른 해변에
비릿한 냄새가 역겨운지
태양은 붉은 노을 토해놓고
수평선을 숨어간 지 오래인데

집 떠난 객이 되어
서천으로 기우는 초승달을 바라보니
처량함이 더하여
넓은 바다 홀로 나는 갈매기를 닮는다

# 합덕벌

며칠 전만 해도
농기계 소리와 어우러져
황금 들녘 막걸릿잔 뒹굴어 가더니

이제
벼 낱알 줄줄이 흩어져버린 이 벌은
원시의 공허함 다시 간직한 채
새로운 UR의 상처를
긴 겨울로 매만지며
봄의 이앙기 기다려볼 테지

지난 새 삶 영위하기에
희열과 외로움 수없이 묻어간 이 벌
내 머리에 서리 내린 가까운 훗날
아이에게 자랑스레 말해야 할 텐데
이 벌 이 땅
너를 위해 지켜왔노라고

출근길
삽교천 바라보이는 봉고 산 언덕에 서서

나 혼자 되뇌어 독백하네.

따스한 봄 돌아오걸랑
객지로 떠난 고향 친구들
이전처럼 다시 돌아와
이앙기 기다리는 이 벌에서
우리 손으로 막걸릿잔 돌리며 취해보자고

# 부엉이

펑펑 눈이 내리던 밤
나뭇가지 앉아 울던 부엉이
밤새 하얀 세상을 기도했었나
산촌엔 흰 아침이 열리고

신미년 설날 아침은
산만큼 내린 눈 속에 덮인 채
오고 가야 할 귀성 차들은
길 위에 멈춰 서 있다

정오의 햇살 떨어질쯤에야
서성이던 동심들만이
마을 어귀 느티나무 고목 밑으로
까치 떼처럼 모이는데

혹시나 멀리 있던 자식들이 오려나
눈 덮인 산 넘어 퀭한 눈길을 보내시다
수화기를 들다 놓는 어머니는
흰머리만큼 기다림을 여신다

꼬까옷으로 설빔하고
가가호호 세배 다니던 정겹던 유년을 그리며
팔순 엄마의 생각은
처마 끝 고드름처럼 커가는 듯하다

## 풍경
–목포항에서

검푸른 해변에
비릿한 냄새가 역겨운지
태양은 붉은 노을 토해놓고
수평선을 숨어간 지 오래인데

집 떠난 객이 되어
서천으로 기우는 초승달을 바라보니
처량함이 더하여
넓은 바다 홀로 나는 갈매기를 닮는다

밤바다 어둠 속으로 사라져간
여객선 고동소리 겨우겨우 귀에 익는데
목포항 부둣가에 거센 파도는
뱃머리 들썩이며 또 어디를 가자는가

바람은 시리고 땅은 설지만
등댓불 비치는 여기 밤바다에서
낯선 하룻밤을
길 잃은 조각배처럼 떠돌아보리라

# 달빛

을해년
십이월 열닷새
보름달 휘영청한 산기슭엔

가슴 가득 달빛이 밀려와
고운 그리움이 되고

겨울 나목 가지 위엔
짧은 추억이
긴 밤 내내 푸른 빛으로 걸렸네.

# 옛 친구

어느 날 기척 없던 세월을 딛고
내 곁을 스쳐간 친구
삶에 지친 그 모습이
겨울 나목을 닮아 있었네.

내가 힘들었던 시간마다
우상처럼 떠올리던 친구여
눈가에 매단 주름은
그대 세월의 아픔이었던가

가끔 동심에서
활기차던 모습을 담아왔건만
자네의 지난 세월도
거친 바람에 버거웠나 보이

한잔 술로 아린 정 캐낼 때마다
깊은 전율에 가슴 저미는 기억들
내 이런 모습도
언젠가 누군가의 가슴을 울리려나

옛 친구의 안타깝던 모습이
바람처럼 다가와
세월의 줄에 그리움을 널어놓는다.

# 대중탕 찬가

위장하듯 걸친 옷
훌훌 벗어 사각장에 가둬놓고
대중탕에 홀가분한 나신으로 들어가
물 한 바가지 내려쓰면
가진 자 못 가진 자
배운 자 못 배운 자
키 작은 자 키 큰 자
홀쭉한 자 뚱뚱한 자
모두가 구별 없는
만인이 평등한 대중탕이라네.

그놈 참 실하구나
지난날 할아범들이 말했는데
세월이 흘렀음인가
예전보다 쇠해짐을 어쩔거나
전라가 수줍은 듯
수증기로 반쯤 가린 거울 앞을
넉살 좋게 버티고 서서
반백의 머리에 비누를 칠하는 중년이여

어~ 시원하다
점잖게 늙으신네
뜨거운 온탕에 들어앉아 하는 거짓말
우리도 한 번쯤은 해봤던가.
일회용 면도날을 쓰레기통에 집어던지고
나신들이 뒹구는 돌 베드에 누워보니
온 세상이 편안 터라

세상사 천국이 따로 있던가
어른도 아이도
발가벗고 수건 하나 달랑 들면
누구나 똑같은걸
이승에 이같이 편안한 곳 또 있을까
대중탕이 천국이라
살다가 어려움 있거들랑
세상사 사각장에 허물처럼 벗어놓고
이 같은 세상
우리 안에 만들며 살아간다면

# 겨울 산기슭

한겨울 산기슭에
춤추는 하얀 눈송이
동화 속 같은 수정궁궐 지으려나

설풍이 몰아치는 추운 뫼 뿌리
표석처럼 돌아앉아서
차가운 눈꽃으로
빈손을 합장하는 고적한 산중

새 소리 깨지 않은 이른 산사엔
주지승 독경소리 외롭고
인적 없는 나목裸木 숲엔
눈 내리는 풍경만이 적막하여라

겨울 깊은 산허리
쓸쓸히 얼리는 차가운 풍경 속엔
빈 가슴 헤집는 바람만이
산기슭으로 쓸려간다

## 촌가의 겨울밤

눈 덮인 추녀 끝에
고드름을 키우는 바람 소리
옛 기억에 꼬리를 물고
겨울밤으로 달려간다

희미한 등잔불 아래
할배의 옛 이야기에 솔깃이 귀 기울여도
토담 벽 문풍지 틈새로
찬바람 새어들던 그 고향 사랑방

지금은 토담을 허물어간 세월에
정든 사람들 모두 떠나갔어도
따뜻했던 온정
그때는 지붕마다 모여 살았지

녹슬어 간 그 시절
군밤같이 구워진 따뜻한 추억들이
심금을 울리며
화롯불처럼 살아난나

# 새벽 달

동편 하늘에
여명은 밝아오는데
긴 밤을 건너와
푸른빛 거두던 새벽 달

서편 하늘 중천엔
찬 기운 가득한데
하얀 속살 드러낸 채
무엇을 망설이는가

지난밤
고혹한 제 빛을 풀다가
아직도 고운 꿈
깨지 않은 까닭인가

창 너머
어둠이 남아 있는 하늘에
하얀 달
서성이는 모습이 애처롭다

# 우리를 부르는 산

봄이면
처자들 웃음보다 더 화사한
예쁜 꽃을 피워놓고

여름이면
뜨거운 태양도 녹음에 가리어
계곡물에 시원히 담가놓고

가을이면
온 산을 물들여
울긋불긋 낭만으로 칠해놓고

겨울이면
봉우리마다
하얀 눈 수북이 쌓아가며

그리도 신비롭게
그리도 신비롭게
늘 우리를 부르는 산이어라

# 외로움

서산에 길던 노을도
짧게 스러져
밤의 장막 둘리면

외진 가슴에
머물었던 가까운 마음 하나
먼 북두에 걸리고

칠흑 하늘엔
갈 곳 없는 생각들이
무용의 나래를 펼친다

# 탈피를 꿈꾸다

울적한 마음과 답답한 가슴이 될 때는
흐르는 구름처럼 떠가고 싶은 날이 있다
온갖 세상 일
잠시나마 가슴에서 모두 내려놓고
그렇게 떠가고 싶은 날이 있다

정처 없이 가다가
삶의 이정표를 만나 되 오게 될지라도
한 번쯤 그렇게 떠나고 싶은 날이 있다
나를 무겁게 하는 시간들이
슬픔이 될 때에는
바람처럼 그렇게 떠나고 싶은 날이 있다

# 5부

# 새 항해길

미어를 찾으려고

밤새 허우적거려도

노트 속엔

어설피 채워지는 서툰 문장들뿐이라

한발 다가가면 또 저만치

의문표를 달고 달아나는

언어들의 몸부림

반복과 반복으로 긴 밤을 누빈다

# 새 항해길

삶의 희로애락
거칠게 출렁이던 반세기엔
곤한 몸부림 뒤안길에 빼곡하여라

젊은 날을 서성이다
창파에 휩쓸려간 세월들이
부표처럼 떠있는 가슴 시린 생애

다시는 배려로 인해 후회하지 않으리라
소진돼가는 체력은 믿을 수 없지만
놓을 수 없는 꿈이어라

# 밤

날마다
고된 삶 안아주는
어머니 품속 같은 밤

내일을
꿈꾸는 사람들
세상 길 방황하다
들어가 위로받는 곳

밤은
만인의 안식처
희망을 충전하는 곳

# 쓸쓸해지는 시간

쏜살같은 세월에
지천명이 된 일상을 접어놓고
반백의 남루한 모습으로
송산 빌라 2층 베란다 창 앞에
앉아서
거리에 피어나는 불빛을 바라보다
소읍을 배회해본다

한 마장쯤 길 건너엔
어스름에 쫓기는 발걸음 분주하고
비틀거리는 가로등 불빛 아래로
떨어지는 낙엽은
겨울을 재촉하는지
기울어지는 시간에 매달려
어둠 속 어디론가 사라져 간다

# 어머니 사랑 앞에서

늘 사랑으로 키워온 많은 세월
거기 어머님의 손길은
내 삶에 오랜 성역의 벽이었지요

이제 기댈 기력마저 소진되었지만
옹이처럼 굳은
앙상한 마디마디엔
아직도 사랑이 전율 되고 있습니다.

하해 같은 그 사랑
뒤늦게 자책 되는 후회 안에는
어머니의 그 사랑이 너무도 안타깝습니다.

더 늦은 회한이 있기 전에
이제라도 내 안에 남은 사랑 캘 수만 있다면
어머님 생전에 안겨 드리고파
빈 가슴 더듬어 봅니다.

어머님의 사랑 앞에 서면
나는 한없이 작아집니다.

# 각다귀 박멸제

평생 일궈온
아름답고 정겨운 터전이었건만
밤낮 흘겨보던
각다귀 핏발선 눈길에 잠식되어

선한 배려를 아픈 다짐으로
풀어내야 할
길고 지루한 하룻밤

서울이란 도심까지 달려와
재판 전야를 맞노라니
떨리던 마음은 오히려
각다귀 박멸제로 변해간다

# 습작

간절한 욕망들이
가슴을 열광케 하는데
두뇌의 바다에서만 맴돌다
쉽게 캐내 지지 않는 주옥같은 언어들

미어를 찾으려고
밤새 허우적거려도
노트 속엔
어설피 채워지는 서툰 문장들뿐이라

한발 다가가면 또 저만치
의문표를 달고 달아나는
언어들의 몸부림
반복과 반복으로 긴 밤을 누빈다

# 탈향

지난날
화려한 유혹들이
발버둥치며 궁리를 하더니

고향을 지키자던 사람들
다투어 떠난
허허로운 이 산천

이제야 파문 지는 물무늬 같은
허망한 삶을
쉬이 깨달을 수 있을까

외로운 세월로
커지는 빈 그림자를 드리우다
다시 올 곳이어라

# 만취

술잔을 든다
나를 위하여
혹은 너를 위하여

세월을 지고 반백을 휘돌아온
삶의 나루터에서
무딘 아픔을 술잔에 부어 마신다

날마다 잔을 비우고 비워내도
만취하는 판도라 속

세상에 더 흔들리진 말아야지
자위하며 치켜드는 잔 속에는
힘겹고 낯선 세월이
닻 잃은 나룻배처럼 흔들려간다.

## 백령도 친구

(1)

황해 위
한 점 백령도라
흰 파도 부서지는 뱃전에 서서
천신이 두무진에 펼쳐놓은
고대의 비경을 벗 삼아
오랜 친구 선명과
회포에 술잔을 나눠본다

지금껏
세월이 벌려놓은 우리의
삶의 추억을
두무진 유람선에 싣고
가슴 저린 이야기 조각조각 저미어
풍광에나 던져볼까

뱃전에 출렁이는
우정의 파도 소리는
황해의 깊은 물에 둥실 떠
노을 지는

두무진 하늘가에 고동소리처럼
길게 여울져 가는데

수평선 멀리서
인당수를 밟고 달려드는
안식의 긴 그림자들
꿈같은 시간을 시샘이나 하려는 듯
치켜드는 잔 속에
철썩철썩 어둠을 섞어놓는다

(2)
동경 124도53분
북위 37도52분
남한의 최북단 끝자락에 위치한 섬
수많은 섬 중에서 8번째의
크기를 자랑하며 해무에 가려 있는 섬
고개 들어 바라보아도
보이지 않을 만큼 먼 거리에 있는 섬
언젠가 내 유년의 친구가 바람처럼 찾아가
둥지를 틀고 있지만

그립고 보고 싶어도
거친 파도 가로막아 이웃집처럼 갈 수 없으니
때때로 마음만 달려가는 곳
아마도 지금쯤은
콩돌 해안에 돌들이 더 둥글게 추억을 다듬고 있겠지
두무진의 선대 암 비경 속엔
황홀했던 노을이 더 짙게 물들리라
코끼리 바위며 형제바위
연봉 바위며 용트림 바위
고봉포 포구에 사자바위며 현무암
사항포 포구엔 민족의 숙원인 통일기념비
해무가 걷이고 맑은 날엔
심청각 아래로 빤히 내려다뵈는 북녘 땅
소리쳐 보아도 파도소리가 높아 들리지 않겠지만
언젠가는 제일 먼저 이곳의 이웃이 되겠지
황해의 작은 섬
내 마음 벽에 그래피티 된 백령도
멀리 있지만
다시 가보고 싶은 곳
내 친구가 살고 있는 그곳

# 욕심

세상은 영원해도
한생은 유한한데

백 년도 못 살면서
천 년을 살 것처럼

이승에 산 같은 욕심
모두가 부질없어라

# 중화동 교회

백령도의 나지막한 산언덕에
조선에 기독교 역사를 세세히 풍겨내는 곳
82 돌계단을 오르면 앞마당 가엔
커다란 무궁화 꽃나무가 무언으로 애국을 말하며
남향으로 가부좌 튼
그림같이 아늑한 작은 교회

초록빛 산 사이로 비린내 널려오는 섬마을엔
처 얼 썩 철썩철썩
푸른 황해 소리 밀려와 가슴을 흔든다
165년 전 고난에 선지자
귀출라프(독일명)가 놓고 간 교리책자로 인하여
기독교 역사가 깃들어져 침묵하는 곳
뭍 향기 그리운 여기가
인천항과 직성 거리 228km 떨어져 있는
남한 땅 최북단에 위치한 백령도의 중화동 교회이다

# 가정법원에서

연분이란 인연으로 고운 삶 함께 걸머메고
영원히 치장할 줄 알았건만
무너진 사랑을 안고
짧은 사랑을 미워하며 눈물을 흘린다

가정법원을 나서는 사람들

내일은 남보다 더 못한 남이 되어 살겠지
아픔을 등진다는 것 서로의 이기일까
철들지 못한 사랑일까
사랑에 묘약은 알 수가 없나니

황혼에도 이혼을 자초하는 사람들을 보면서
씁쓸히 시대 탓도 해본다

# 부의 묘지 앞에서

미친듯하던 장마가 지나니
태양은 참았던 열기를 대지에 마구 뿜어내는데
긴 장마로 돌보지 못해
풀 수북이 자란 언덕
한적한 부친의 촉루 앞에 엎드려본다

오늘따라 외로워 보이는 곳에서
이미 33년이나 말이 없으신 부친의 묘비 뒤엔
여식이 둘이요 남식이 셋이라 새겨져 있건만
저마다 바쁘다는 핑계로
젯날마저 심약한 자식만이 머리를 조아릴밖에 없는
그런 세상이 되었나 보옵니다.

33년 전 병마로 가실 때에도
삼복의 더위가 오늘 같았건만 아무 말 없으셨지요.
그때는 몰랐던 사람
당신의 사랑스런 자부가 성성한 흰머리 맞대어
넋 놓아 애원하는 모습을 보십니까.
저 소원을 외면하실는지요

시간은 빠르고 침묵은 길어서
어느새 돌을 맞아 삶을 회안 하는 불효자입니다
물 같은 바람 같은 태양 같은 지혜를 배워
그렇게 살게 하소서
미련 없이 그곳으로 떠날 때까지

# 고법 재판 전야

공연히 무거웠던 마음
내일이면 털어낼 희망으로
질긴 애환 태질하는 밤

진실이 외면받고
가식이 판을 치는 세상에서
권모술수 내세워
유전 유력 무전 무력한 세상에서

내일이면 진실을 알 수 있도록
일의 허물을 모두 벗기어
봉선화 꽃씨처럼 퉁기려 한다

힘없는 군중에게도
힘이 되는 것이 진실이라는 것을
모두가 알 수 있도록

# 그리움

별빛처럼 쏟아지던 그리움
야윈 밤을 보내고
비틀비틀 서름한 새벽을 나선다

어둠을 걷으며
가다가, 가다가 만나는 이 있으면
지난밤의 그리움을 전하려나

그리움에 취하여
주체 못한 애절한 이야기들을
더도 덜도 없이 전하려나

# 상념

가끔 버거운 상념들이
거미줄같이 엉켜도
심장을 타는 맥박은 뜨겁다

늘 너털웃음으로
헝클어진 사념을 빗질하노라면
더 뛰는 가슴

어제란 무대 뒤로
곤고한 일상을 떠밀어놓고
하루의 끝을 술에 묻는다

까맣게
마취되는 상념들
하룻밤 어둠이었으면 좋겠다.

# 힘든 이를 예찬하며

힘들다는 삼디 업종 굴레를 쓰고
최선을 다하는 사람들이 있다
때로는 냉정한 현실로 원함소자 상선의 눈길에 지어도
자아로 위안을 삼아야 하는 이들
나는 그들을 예찬하고 싶다.

평안히도 높다 하는 임들이여 혹여
저들로 하여금 수모를, 억압을, 고통을 받아본 적 있나요
선 자리가 낮아서 언제나 올려볼 수밖에 없는 저들
세상에 저들이 없다면 행복할 이 있을까

저들은 빛과 소금의 존재요
어둡고 부패된 사회를 밝히는 등불이며
협소한 양심의 그늘에서도 바닥난 일상을 감내하는
보배로운 사람들이기에 나는 예찬하고 싶습니다.
힘든 일에 매진하는 모든 이들을

# 나의 저녁

언제부턴가
품바의 의상같이 생긴 남루함이
나를 차지했던가
아직도 망부亡父의 체취가 배인 미색의 작은 방은
날마다 삶을 눕는 나의 안식처이다

구수한 된장 냄새 한 가지로도
진수성찬 못지않게 허기를 채우는 행복을 옆에 끼고
형광 빛 한 가닥에 포만한 밤을 비추며
사절지만한 책상 위에서
신천지의 미사여구를 찾는다

커다란 포클레인처럼
뭉툭한 흑필 끝으로 마구 헤쳐보는 문자들
밤이 깊어지면 나도 나 몰래 잠이 들까 봐
또 하루 꿈에 갇힌 저녁을
뜬눈으로 더듬거리고 있다

# 저녁식탁

지는 노을 서리서리 거두어
일상의 무게만큼 둘러메고
투벅투벅 찾아드는 보금자리

익숙한 길 따라 빌라 가까이 오면
허기짐 유혹하는 도마 소리
문 앞까지 마중 나와 후각을 채운다

예전 같으면 반겨줄 아이도 있으련만
빠르게도 아이들을 키워간 무상한 세월이여
원형의 식탁에 마주 앉아
숨어간 세월로 주름 꽃을 피우노라면

우리는 어느새
구수한 청국장같이
뚝배기 사랑을 닮아간다

때로는 빈 가슴 허전하지만
둘만으로도
남은 꿈을 가꿀 수 있다면
오히려 빈 한 저녁 식탁은 행복이리라

# 실패한 보증

봄이 와도
꽃을 피워내지 못하는 꽃가지의 고통이
내 것일 줄 누가 알았으랴

반세기 피땀 흘려 일궈온
내 삶의 터전을 잃어버릴 줄
꿈엔들 알았으랴

선으로 베푼 마음이
풀무 속 빨갛게 달궈지는 쇳덩이처럼
고통이 될 줄 누가 알았으랴

세월이 가도 평생 아물지 않을 것 같은
너무나 깊은 상처들

살면서 그것들로 인해
많은 것을 용서하지 못할 것 같은 마음과
이미 신뢰 잃어 두려운 경계심

이제는 누가 뭐라 해도
믿을 수가 없다
놓인 돌다리도 두드려 가야 한다

# 곤했던 싸움

불현듯 난제에 몰린 세상사
보증이라는 믿음과 신뢰가 배신으로 변해
생에 멍이 된 지금
평생 쌓아온 터전을 허공에 매달고
운명이려니
비틀거리던 시간들
서먹한 법정을 넘나들며
지천명의 심신이 파김치가 되었던
곤한 싸움이었다

남모를 고통으로
한참을 달려온 낯선 무대
연극도 아닌데
때로는 선이 악이 되고
때로는 악이 선이 되기도 하는
모순된 세상
하늘이 아는 진실이었기에
승소로 막을 내리니
탓할 곳을 돌아보진 않으리라

# 궐련

꼭 한 번은 애연가 손끝으로 끌려나와
한 모금 연기로 허공에 사라져갈 궐련
그 집은 갈수록 세상의 유혹으로 치장된다

제 몸을 900도까지 불태워도
일산화탄소 이산화탄소 아세트알데하이드
포름산 석탄산 질소화합물 청산 같은 독소뿐이라

언젠가는
니코틴 벤조피린 비소 페놀 나이트사민 같은 입자들이
내 좋은 사람들 폐부만 찢어내
후회스러울 존재인 것을

그것이 시대의 변천사가 되기도 하고
금연을 재촉하면서도 제조해내며
제조해 내면서도 금연하라 하는
아이러니한 것

언제부턴가 너를 멀리한 나
내 사랑하는 사람들에게
너를 권하여
너를 애용하라 절대 말할 수는 없나니

# 정수장

지명 잃은
봉우재에 고적하게 얹혀서
소들 강문 먼발치로 내려다보는 정수장
사각 깊은 저수조에 사시사철 맑은 물 길어서
변함없이 흘려내는 정성이여

늘 넘치게 흘려냄인가
물의 고마움을 사람들은 잊고 살아도
언젠가는 오늘이 절실하리라
외로운 산꼭대기 파묻혀
휴일조차 없는 달력 둘이서 감내하는 365일

어느새 스물아홉 해인가
마당 가 은행나무가 지붕을 덮고
밤낮 생명수 퍼 올리던 청년의 머리도 반백이 되었네.
세월이 쌓여가는 정수장엔
철을 잃는 민들레가 노랗게 피어 외롭구나.

# 똥

제 모습으로
여기 떨어져 있었다면
생명체가
살아 있다는 흔적이리니

인간들은
제 것조차 피하려 하지만
이것 없이는
세상에 생존할 수 있는 건
아무것도 없지

알고 보면 필요 불가하게
소중한 것
내 생명 같은 것

# 사치스런 욕심

곤고한 아우성이 동승 된
짧고 초라한 밤

숨찬 지천명을 돌아보면
다듬지 못한 잔영의 그림자들
꿈틀거리고

제자리를 맴돌다
사치스런 욕심이 된 그리움은
가슴에 붙박이가 되었다

평범한 일상들이
달콤한 행복이라 말해주건만
낯선 유혹이
갈수록 가슴을 흔든다.

# 혈세이더라

건설이 또 다른 파괴라고 하면
어불성설일까

연말이면 건설을 핑계 삼아
마구 헤쳐지는 멀쩡한 보도블록
한 번쯤 심사숙고한다면
남은 예산들이 날림으로 쓰이진 않으련만

주무관은 어딜 갔나

아쉬워라 알뜰히 섬겨야 할 자치행정
세세히 살펴야 할 확인행정
잘 살자 하던 지방화 시대는 누구의 공염불이었나
연말이면 흔히 보는 공사광경 알고 보니
금쪽같이 아까운 우리네 혈세이더라.
혈세이더라.

# 마음

모두에게 있지만
아무도 그 형체를 모른다.
내 속에 있어도 내가 볼 수 없고
네 속에 있어도 네가 볼 수 없는

때로는
주인에 따라
고울 수도 추할 수도 있지만
선할 수도 악할 수도 있는 것

마음은 무형에 마술사처럼
형체가 없어도 보이지 않아도
스스로 주고받으며
웃고 우는 인간 속을 군림해 간다

마음은 마술사처럼

# 우매한 욕심

사는 게
뭐 그리 대단한 거라고
불어가는 바람을 잡으려 합니까.
쏟아지는 햇빛을 움켜쥐려 합니까.
세상을 끌어안는 우매한 욕심
강물처럼 구름처럼 흘리시구려.

인생은
초로에 맺힌 이슬이라 했지요
공수래공수거인 삶
그 같은 인생길

우리 사는 게
뭐 그리 대단한 거라고
무거운 욕심 어디까지 매달고 가려 합니까.
무얼 더 욕심 안에 거두려 합니까
인생은 짧고
세월은 쏜살같이 빠른걸

# 나와 나

어느덧 제 돌을 앞두니
인생이 기우는 소리 들리는데
광활하던 세상
그 많은 세월을
왜 공식에 묶인 삶으로만
쳇바퀴 속을 달렸던가

허망한 세상
내 안에 굳혀 놓은 자취도 없으니
또 다른 가슴에
다시 올 내일일랑
빈 마음 더 비워
솜털같이 나는 법이나 배워보리라

## 新路의 다짐

긴 세월 달려온 터널이
막혀 있을 줄이야

늦은 깨달음에
되돌아서서
인도할 이 없는 新路에 든다

황량한 빈터에서
시문과 씨름하다
다시 절망하게 될지라도

꿈을 놓지 않으리라

# 윤회하는 삶이기에

굽이굽이 돌아왔지만
더 돌아가야 할 삶
순간도 영원할 한 부분이기에
잠시도 헛되이 할 수 없는 세상사

지난날 샘솟던 젊음으로
호기를 부리던 세월을 찾아내고는
잠시 멈춰 서서
내 그림자의 무게를 달아 본다

윤회하는 삶은
세월이 단락되고 난 먼 후에서라야
그 답을 말하려는지
아무리 외쳐도 메아리가 없다

# 삶의 진실을 추구하는 서정의 표현 기교

홍 윤 기
일본센슈대학 대학원 문학박사(시문학), 국제뇌교육종합대학원 국학과 석좌교수(현재)
한국문인협회 고문(현재) 국제펜클럽 한국본부 고문(현재)

현대시의 생명력은 이미지(image)의 발랄한 전개 과정에서 눈부시게 꽃핀다. 그러나 좀 답답한 것은 수많은 사람들이 이미지가 아닌 스토리를 시대신에 시 행간에다 나열하고 있는 게 작금의 현상이다. 좀 더 구체적으로 지적하자면 시는 〈이야기〉가 아닌 〈노래〉를 쓰는 일이라는 것을 라동수 시인은 널리 각성시킨다. 그렇다. 시는 지금까지 남들이 쓰지 않은 새로운 뛰어난 노래여야 한다. 라동수에게는 서정적 수법이 고조되는 시적 감흥의 시너지(synergy, 전체의 효과에 기여하는 각 기능의 종합 효과)가 고양되고 있어 이런 형태의 시 창작에 계속 힘쓴다면 앞으로 크게 기대된다. 라동수 시인의 시집 「백령도 친구」는 전체적으로 집약하여 서정적 표현을 심볼리즘의 상징적 기교로서 시적인 미감을 형상화시키는데 힘쓰고 있다고 지적하련다. 물론 이 해설은 그의 시적 개성이 담긴 작품들을 필자가 선정하였다. 그와 같은 바탕에서 진일보한 시작법을 발휘하고 있어서 흐뭇한 마음으로 구체적으로 검토하련다.

들뜬 꿈 배낭에 채워
우정을 나눠 메고 산행을 나섰다

울창한 수목 사이로
은행잎과 단풍잎이 비처럼 떨어져
산사로 가는 길을 지우면

바람은 불어와
겨우겨우 오솔길을 열어놓고
다시 바위 뒤로 빙빙
다람쥐 한 쌍 사랑을 덮는다

깊은 산길
바람은 숲 사이로 와스스 몰려와
네게도 저 같은 사랑 있었느냐
추억을 흔드는데

할딱거리며
깊어가는 갈색 골짜기에는
산에 홀린 사람들처럼
시간의 흐름조차 망각하고 있었다.

돌아보는 길
우리들이 멘 배낭 속 커다란 주머니엔
갈 빛 향기가 가득하니
이번 산행은 오래도록 가슴에 서성이리라

–「가을 산행」 전문

필자는 여러 날 두고 시집 원고 전부를 거듭 통독했다. 그리하여 유능한 젊은 한국현대시인을 인식하게 되었다. 센티멘털한 진부한 언어 배제를 통한 순수 감각에 입각하는 그의 신선한 존재감적 시어 구사는 오래도록 기다렸던 새로운 한국현대시 시작법의 한 출현이다. 여기서 잠깐 한국현대시 발생의 맥락을 짚어 본다면 영국 로맨티시즘(낭만주의)을 축으로 하는 독일 낭만주의와 프랑스 심볼리즘(상징주의) 시문학, 이른바 모더니즘 등, 서구의 영향을 크게 받아 왔다. 과연 그 이후 오늘에 이르기까지 어떠한 시편들이 우리나라 현대시사(現代詩史)를 장식하며 오늘에 이르렀는지를 살펴보는 것도 한국 현대시 100년(1998)을 보낸 오늘의 시점에서 뜻있는 일이라고 본다. 순수 서정은 한국 시인만이 캐낼 수 있다. 그러기에 라동수 시인의 이 서정적 로맨티시즘의 시는 한국인들에게는 널리 공감되고 깊게 이해될 것이다. 라동수 시인은 로맨틱한 서정의 차원 높은 새 형식의 시도를 하고 있다. 새로운 시다. 21세기의 〈새로운 시〉는 비전을 뚜렷하게 제시하는 참신한 〈현대시〉를 요청하고 있는 것이 가까운 일본시단(日本詩壇)과 구미시단(歐美詩壇)의 오늘의 경향이다. 더 구체적으로 지적하자면 이제는 우리 한국시단이 지금까지처럼 근시안적 시각에서 안이하게 국내적인 언어유희(言語遊戱)나 관념적 자아도취에 만족하거나 집착해 온 과거 지향적인 안주(安住)를 과감하게 탈피할 때라는 것이 이 작품「가을 산행」을 대하는 필자의 단호한 견해이다.

닭 울음 단잠 깨우며
기지개 켜는 시밝

수줍은 햇귀는 달려와
덜 깬 잠을 털어내고

새벽안개 마을을 휘감아
봄기운 용트림하는데

천지의 기운이
화들짝 지천명의 꿈을 깨워

이른 새벽으로
첫걸음을 청한다

–「새벽」전문

한국적 시어의 개발은 중대한 의미가 있다. 참다운 의미가 담긴 시 언어의 새로운 구사 능력은 두말할 나위 없이 그 시인의 탁월한 상상력과 동시에 잠재된 내실(內實)의 자질을 확연하게 입증해주기 마련이다. 그와 같은 배경에는 오랜 시간을 두고 시인이 끊임없이 노력한 피나는 시문학 수업의 발자취가 이어져 마침내 오늘의 성과를 빛내고 있다 하겠다. 앞으로 더욱 새롭고 과감한 시적 발상과 열성적인 시어 탁마를 이어 간다면 라동수는 한국 현대시단의 뛰어난 순수 서정의 시 세계 형성 속에 한국 시단을 끝내 압도할 것이라고 감히 확언해 두련다. 한국 현대시가 오늘날 〈언어〉 그 자체는 〈한국어〉를 쓰고 있으나, 그 모태는 본래 20세기 초에 최남선, 김 억, 주요한 등이 〈서구시〉의 형식(形式)을 빌려온 것이다. 그렇다 하여 〈한국시〉가 아닌 〈서구시〉를 쓰자는 것은 전혀 아니다. 〈한국어〉에 의한 〈한국인〉의 시를 쓰되 〈세계와 호흡을 함께할 수 있는 시〉, 즉 〈글로벌 시〉를 개척하자는 것이다. 그것이 우리가 세계 시인들과 함께 참다운 한국시의 〈공존〉(共存)을 모색하고 창출할 수 있는 〈한국시의 세계화〉 작업의 일환이다. 그런 견지에서 「새벽」 등 라동수의 일련의 작품들은 우선 주목받을 만하다.

드넓게 펼쳐진 광활한 소들에
이앙기 소리 돋우어
종일 희망을 심던 손길들
황혼이 내려진 한참 후에야
일손을 멈추고
고된 일상을 접는다

저무는 소들엔
개구리 울음 가득하고
아카시아꽃 향기 코끝을 스미는데
논두렁 물가엔
건너편 소읍의 불빛들이 살아나
황홀한 불아성을 이룬다

시장해 오는 늦저녁

종일 몸에 밴 흙냄새 떨어내며
한참을 더 걸어야
삶의 안식처에서 새어나는
따뜻한 불빛이 보일 듯하다

-「저문 소들에서」 전문

삶의 진실을 추구하는 과장됨이 없는 「저문 소들에서」의 소박한 아포리즘의 경지가 독자에게 공명된다. 시는 결코 거창한 외침이거나 대중 전달의 어드버타이스먼트가 아니다. 라동수 같은 유닉하고도 함축된 의미를 과장없이 내포하는 시어 구사야말로 결코 늘어지고 막연한 언어의 유희가 될 수 없다. 그 때문에 나는 대학강단에서 학생들에게 항상 〈시는 이미지가 강한 언어로서 새로운 콘텐츠만을 다룰 것〉을 강조하여 오고 있다. 또한 시어는 율동적인 〈리드미컬한 처리〉로서 만이 언어 구성에 있어서 포괄적인 에너지를 발산시켜 독자에게 동시에 활력과 만족감인 기쁨을 베풀게 된다고 강조한다. 라동수는 독자로 하여금 종래의 시작법이나 시 언어로서는 도저히 설득시킬 수 없는 새로운 시편으로서 우리에게 뿌듯한 충족감을 가슴 가득 안겨 주고 있다. 너무도 늠름하고 믿음직스러운 자세이다. 그것은 나만이 쓸 수 있는 참으로 독창적인 시 세계를 온 세상에 당당하게 보여주는 일이다. 그는 미래를 창조적으로 투시하는 비스타스의 시작법을 과감하게 제시하고 있다. 그런 견지에서 우리는 신선하고 진취적인 이미지의 시 세계를 부각시켜 희망찬 한국현대시의 미래상을 눈부시게 제시하고 있는 오늘의 시인을 새롭게 평가하지 않을 수 없다.

필자는 수사학(修辭學, rhetoric)의 방법론에 입각하여, 시작품들을 자기 나름대로 장기간 연구 분석하여 왔다. 현대 수사학은 영국 비평가 I. A. 리처드스(Ivor. A. Richards, 1893~1978)에 의해 현대시의 과학적 연구인 〈Basic Rules of Reason〉(1933), 〈Coleridge on Imagination〉(1934), 〈Basic in Teaching : East and West〉(1935), 〈The Philosophy of Rhetoric〉(1937), 〈How to

Read a Page〉(1942), 〈Speculative Instruments〉(1955) 등, 새로운 이론들이 적지 않은 공부가 되었다. 즉 I. A. 리처드스는 시를 읽는다는 행위를 의식적으로 분석하려는 시 이론을 참신하게 구축했으며, 특히 그는 중국과 일본 등에도 체재하는 등 동양시(東洋詩)에 적지 않은 관심을 기울였던 것도 주목할 만했다. 그 이래로 필자는 수많은 우리나라 현대시를 연구 분석하며 오늘에 이른다.

꽃망울 틔우던 바람이
봄을 넘어
성하의 계절 내내
푸른 춤사위로 너울대더니

어느덧
내 고향 산야엔
마을 어귀마다 산등성이마다
갈색으로 부산하여라

짧은 가을
서둘러 가고 나면
긴 겨울 나목 숲에 달려들 찬바람 소리
뉘라서 감내하리

―「바람 소리」 전문

과연 유능한 시인의 기준은 무엇인가. 필자는 시의 생명력은 서정(抒情)이 그 바탕이라고 판단해 오고 있다. 마동수 시인의 시세계는 참으로 우리가 소망했던 참다운 리리시즘(lyricism/서정성)에 목말랐던 한국시단에 단비를 흠뻑 적셔주고 있다. 그러기에 「바람 소리」에서처럼 그 독특한 한국 서정시는 새로운 생명력을 고양시킬 것이라고 하는 확신을 갖게 한다. DSKV에서도 지적했거니와 시의 기본은 〈리리시즘〉(lyricism/서정성)을 모체로 하는 〈노래〉(song)이다. 즉 〈서정시〉(lyric)는 〈노래〉이기 때문이다. 화자는 그대를 파란 하늘로 우주화시키는 독특한 리리시즘의 세계를 새롭게 전개하고 있다. 21세기를 살아가는 현대인들에게 오감(五感)의 작용을 다부진 삶의 신선한 방향 제시로서 앞장서고 있다. 온갖 사상(事象)은 우리들의 눈에 보이는 것과 보이지 않는 것으로 나뉘어 있다. 시인은 그중에서 우리 눈에 보이지 않는 것을 볼 수 있도록 써낼 때 유능한 것이며, 곧 그것이 새로운 시의 세계이다. 지금부터 시인은 인생의 더 큰 부분을 얼마나 더 넓혀서 새롭게 볼 것인가. 더욱 큰 전체를 철저하게 제시한다면 한국시단에서 대성할 것이다.

마당 가에
햇살 늘어지던 늦은 봄
울 아래 심었던 넝쿨 강낭콩

실낱같은 손으로
그물망 울타리 헤집어 엮더니
긴 여름 장마에도
높은 담장을 타고 올라
키 큰 소나무 가지에
가을 풍경을 그려놓았네.

어릴 적 외할머니가 들려주시던
동화 속 마법사 칼집같이 생긴
홍보랏빛 넝쿨 강낭콩
손톱으로 헤집어 오동통한 칼집을 열면
다섯 여섯 혹은 일곱 알
알록달록 모두가 물새알을 닮았네.

곱게 익은 넝쿨 강낭콩
알알이 여문 꿈 주렁주렁 매달고
또 다른 여행을 꿈꾸고 있다

–「넝쿨 강낭콩」 전문

이 시는 마지막 연에서의 '곱게 익은 넝쿨 강낭콩/ 알알이 여문 꿈 주렁주렁 매달고/ 또 다른 여행을 꿈꾸고 있다'는 로맨틱한 메타포로서 한국 시인의 이미지 사고의 내면세계를 문명비평적인 시각에서 풍자하고 있다. 화자는 요즘 좀처럼 보기 드문 리리시즘의 시적 진수를 여실하게 맛보게 하고 있다. 라동수 시인의 이 작품은 형상미적(形象美的) 독일 로맨티시즘(romanticism, 낭만주의)의 대가였던 이미지스트 시인 라이너 마리아 릴케(1875~1926)의 서정미 넘치는 삶의 진실 추구 이미지와 일맥상통하고 있는 시적 자세를 물씬하게 느끼게 하고 있다. 따시고 볼 것도 없이 로맨티시즘의 시 세계는 센티멘털한 표현법이 어느 면에서는 그 특징이자 매력이다. 그러나 화자는 오히려 센티멘털한 세계를 다채롭고 뛰어난 발상법(發想法)을 통해 세련되게 극복하는 테크닉(기교)이 두드러진 시인인 것을 잘 보여주고 있다. 이는 시예술적 효용가치에 대한 시적 비판이라고도 할 수 있는 수작(秀作)이다. 왜냐하면 수사적으로 전편을 능란한 상징적 하이포벌(과장법) 수법으로 온갖 아픔을 세련되게 초월시키고 있기 때문이다. 필자는 이 작품에서 오랜만에 이미지가 강한 빼어난 순수 서정의 형상미적 표현미와 마주치게 된 느낌이다. 시인은 인생의 깊은 삶의 내면세계를 참사랑의 참다운 의미 추구라는 그 나름대로의 새로운 테크닉으로서 다양한 이미지를 눈부시게 천착하여 메타포하고 있어 우리를 감동시킨다.

화강암 절벽 위 모진 풍파 이기고
꿋꿋이 서 있는 푸른 소나무
옥 같은 바닷물에
제 모습 비춰 온 지 몇 년일까
성산포 아픈 역사 화강암에 새겨 안고
숱한 사람 불러 오고 간 뒤
이제 우리도 맞는구나
긴 세월이 좁쌀같이 부서져
까맣게 닳아버린 현무암의 잔재들
파도에 부딪칠 때마다
역사는 더 깊은 골로 새겨지누나

눈부시게 맑은 날의 푸른 바다
해풍에 떠밀려 하얗게 부서지는 파도는
여기 성산포 항 뱃전에도 맴돌아
마라도 가는 길손 눈길마다 붙잡아 세우고
철썩이며 들려주는 남해의 바닷소리를
가슴 열어 담아준다
푸른 뱃고동소리 숨 가쁘게
선실로 숨어들면
성산포 해변에 하얀 집들과 작은 섬들이
그림 같은 풍경이 되어
먼 수평선을 이어 달리는
물결도 짙푸른 남해의 바다 위
하얀 유람선에는
난간에 마주선 젊은 연인들도
선실 낡은 의자에 다정스레 몸을 맡긴
황혼에 노부부도
모두가 푸른 물결에 둥실 두둥실 떠서
짧은 꿈인 양
뱃길 따라 마라도로 가는 길

–「마라도 가는 길」 전문

이 작품은 기행시라기보다는 일종의 사회시(社會詩)로서 「마라도 가는 길」라는 세태를 작품화하여 독자들의 주목을 받고 있다. '성산포 아픈 역사 화강암에 새겨 안고/ 숱한 사람 불러오고 간 뒤/ 이제 우리도 맞는구나/ 긴 세월이 좁쌀같이 부서져/ 까맣게 닳아버린 현무암의 잔재들/ 파도에 부딪힐 때마다/ 역사는 더 깊은 골로 새겨지누나' 라고 하는 삶의 역사적 아픔의 현상을 어떻게 슬기롭게 수용할 것인가. 나아가 시인의 고통받아온 이들에 대한 릴리프(relief, 구원)는 어떻게 시적으로 극복이 가능한 것인가를 시도하고 있는 주목되는 좋은 작품이다. 발랄한 이미지(image)와 세련된 서정의 표현 기교가 이 가편에서 살아서 움직이고 있다. 그러기에 라동수의 시는 오늘, 독자로 하여금 종래의 시작법이나 시 언어로서는 도저히 설득시킬 수 없는 새로운 시편으로서 우리에게 뿌듯한 충족감을 가득 안겨 주고 있다. 오늘의 민족적 아픔을 예리하게 메타포하고 있어 주목된다. 하이포벌(hyperbole) 수사기법(修辭技法)이 매우 흥미롭다. 인생의 시, 삶의 유익한 생활시의 소재라는 것을 독자들에게 잘 읽히고 있다고 본다. 잠언적(箴言的) 알레고리의 메타포가 강한 메시지를 엮어 주목된다. 현대시의 수법은 각양각색이지만 다른 한편으로 라동수가 노래하는 이런 소재(素材)의 시편에서 우리는 여로를 통한 문학적 판타지(fantasy/환상)의 미학과 접목되는 현실적 리얼리티(reality/진실성)의 조화로운 시적 구상화(具象化)를 발견하게 된다. 그와 동시에 시인의 이미지 형상화(形象化) 작업의 뛰어난 역량을 평가하지 않을 수 없다. 참다운 의미가 담긴 시 언어의 구사 능력은 두말할 나위 없이 그 시인의 탁월한 상상력과 동시에 잠재된 내실(內實)의 자질을 확연하게 입증해주기 마련이다. 그와 같은 배경에는 오랜 시간을 두고 시인이 끊임없이 노력한 피나는 시문학 수업의 발자취가 이어져 마침내 오늘의 성과를 빛내고 있다 하겠다.

황해 위
한 점 백령도라
흰 파도 부서지는 뱃전에 서서
천신이 두무진에 펼쳐놓은
고대의 비경을 벗 삼아
오랜 친구 선명과
회포에 술잔을 나눠본다

지금껏
세월이 벌려놓은 우리의
삶의 추억을
두무진 유람선에 싣고
가슴 저린 이야기 조각소각 지미이
풍광에나 던져볼까

뱃전에 출렁이는
우정의 파도소리는
황해의 깊은 물에 둥실 떠
노을 지는
두무진 하늘가에 고동소리처럼
길게 여울져 가는데

수평선 멀리서
인당수를 밟고 달려드는
안식의 긴 그림자들
꿈같은 시간을 시샘이나 하려는 듯
치켜드는 잔 속에
철썩철썩 어둠을 섞어놓는다

―「백령도 친구(1)」 전문

'황해 위/ 한 점 백령도라/ 흰 파도 부서지는 뱃전에 서서/ 천신이 두무진에 펼쳐놓은/ 고대의 비경을 벗 삼아/ 오랜 친구 선명과/ 회포에 술잔을 나눠본다' 라는 오프닝 메시지(openning message)의 전개부터 매우 자연스럽게 무리 없이 표현되고 있음을 살펴주고 있다. 좋은 시는 결코 어떤 외침(주장)이거나 목적성을 드러내지 않는 가운데 독자의 가슴에 은밀한 정감으로 조화되기 마련이다. 삶의 메시지를 강력하게 접목시켜준다는 것이 아닌가. 오늘의 우리 시 작품들이 의욕적이기보다는 타성에 젖거나 매너리즘에 빠진 말재주 부리기에 치우치고 있어 적이 걱정스러웠는데, 라동수 시인은 조용히 독자의 가슴을 적시며 삶의 의미를 울림하고 있다. 오늘의 시인들에게 맡겨진 새로운 상상력이 담긴 충실한 의미를 포괄하는 시의 표현이 절실하게 요청되는 것이 우리의 현실 과제이다. 좀 더 구체적으로 설명하자면 지금까지 남이 쓴 일이 없는 새로이 창작된 감동적인 훌륭한 시를 써야만 한다는 뜻이다. 이를테면 시인의 작품 발표에 뒤따르는 것은 '책무' 인데, 남이 모를 어려운 낱말들을 써놓고도 모르는 체하고 있는 시인도 더러 있는가 하면 시인 스스로 써놓고도 무엇을 썼다는 것인지 자기 스스로도 모르는 언어 유희가 난무하는 것이 오늘의 실정이다. 우리가 보다 폭넓게 독자를 수용하는 일은 시집을 간행하는 일에 앞서 중요한 일이라는 사실을 라동수 시인이 모두에게 일깨워주어 기쁘다. 시인이 시를 창작하려는 근본적인 목적이 바로 참다운 시어 구사를 통한 〈진선미〉의 형상화에 있기 때문이다. 삶의 진실을 추구하는 시인은 인간의 삶의 현장을 설정, 비유 분석하고 있다. 그것은 진선미의 의미를 친착하는 시 작업이다. 이것이야말로 많은 독자에게 위안과 기쁨과 감동을 베풀게 된다고 밝히련다. 〈진선미〉에서의 〈진〉은 서로 거짓이 없는 〈사고와 존재의 합치〉, 곧 〈진리〉의 시어, 즉 지금까지 볼 수 없었던 참다운 삶의 새로운 〈노래〉의 구축이다. 거기에 수반되는 것은 두말할 나위 없는 순수하고 선량한 〈선〉과 그것이 빚어내는 〈미〉인 아름다움이다. 시의 궁극의 목적은 바로 그와 같은 진선미 추구의 〈노래 작업〉이다. 시가 인간의 삶의 방법을 찾고 있는 철학이거나, 또는 사회 집단의 공평하고 합리적인 존재 방법을 이루겠다는 이른바 정치와 다른 문학이라는 의미가 여기 있는 것이다. 거듭 지적하자면 시는 진선미가 이루어내는 참답고 아름다운 노래이다. 그러기에  라동수의 시 작업을 값진 〈진선미의 노래〉로서 평가하게 되는 것이다.

그림과책 시선 114

백령도 친구

초판 1쇄 발행일 _ 2011년 8월 16일

지은이 _ 라동수
펴낸이 _ 손근호

펴낸곳 _ 도서출판 그림과책
출판등록 2003년 5월 12일 제300-2003-87호

110-814 서울 종로구 무악동 63-4 송암빌딩 210호
도서출판 그림과책
전화 (02)720-9875, 2987 _ 팩스 (02)720-4389
도서출판 그림과책 homepage _ www.sisamundan.co.kr
후원 _ 월간 시사문단(www.sisamundan.co.kr)
E-mail _ munhak@sisamundan.co.kr

ISBN 978-89-94753-10-2(03810)

값 8,000원